U. Z . Milan

AF287314

TRAUM
WIRKLICH
Gedichte und mehr . . .

Zur Autorin:

Ulrike Zellerhoff, im April 1967 geboren und aufgewachsen in Düsseldorf als waschechtes Stadtkind mit enger Anbindung an die Natur.

Immer aufmüpfig und unglücklich mit dieser Welt, suchte sie früh einen Weg, etwas zu verändern. Dies äußerte sich schon mit 13 Jahren im Interesse an den Vorgängen dieser Welt, dem Aktiv werden in Schule und politischen Gremien.

1986 Wegzug aus der Stadt ins tiefste Ostwestfalen und Beginn einer fast 15 - jährigen Zeit als aktive Umweltschützerin im ökologischen Landbau.

Doch auch dieser aktive Umweltschutz stellte sie nicht zufrieden, denn leider blieben immer mehr die Belange der Menschlichkeit hinter den Belangen der Natur zurück.

So entschloss sie sich, auch diesem Leben den Rücken zu kehren.

Heute arbeitet sie als psychologische Beraterin mit folgenden Schwerpunkten:

Trennung und Scheidung,

Selbstbewusstsein- Selbstentwicklung- Selbstentfaltung,

Erziehung.

Sie ist Autorin von Sach- und Fachbüchern, sowie Märchen, Gedichten und Kinderbüchern und lebt mit ihren drei Söhnen in einem kleinen Dorf in der Nähe von Hannover.

Websites: www.trennung-beratung.de
                 www.wege-aus-der-trennung.de
                 www.u-z-milan.de
                 www.u-z-milan.bodautor.de

Der Milan, ein Raubvogel, nahm sie schon in ihrer frühesten Kindheit mit auf seine weiten Traumreisen und begleitet sie noch heute.

U. Z . Milan

TRAUM

WIRKLICH

Gedichte und mehr . . .

Bibliographische Information der Deutschen Nationalbibliothek
Die Deutsche Nationalbibliothek verzeichnet diese Publikation in
der Deutschen Nationalbibliographie; detaillierte bibliographische
Daten sind im Internet über http://dnb.d-nb.de abrufbar.

Herstellung und Verlag: Books on Demand GmbH, Norderstedt
ISBN: 978-3-8423-7295-5

Mein Dank gilt Allen,
die mich inspirierten…

INHALT :

Ich war,
   ich bin
   und ich
werde

   frei sein
   im Licht.

BRZL - BRZL

Ich sitze im Café,
fünf Mädchen
aus gutem Hause
starren mich entgeistert an.

       BRZL - BRZL
ich komme vom Mars!
So fühl ich mich.

Ein altes
griesgrämiges Glupschauge
stiert mich böse an.

BILD berichtet:
Vergewaltigung in der Schwarzwaldklinik!
und ich lache
             und lache.

Ich
der Absonderling;
auf die Welt gekommen,
euch zu erstaunen
          und zu erschrecken...

SITZE IM
TRAUTEN HEIM,

ZERLESE EIN
BUCH
    UND
      DENKE AN
DICH!

DIE TÜR

In meinem Innersten
war eine Türe.
Ich schaute neugierig
durchs Schlüsselloch
und war wie geblendet
vom Glanz.

Um mehr zu sehen,
öffnete ich die Tür
einen Spalt
und das Licht
griff mir sanft
ans Herz.

Nun öffne ich sie
immer weiter
und erstrahle selbst
im gleichen Licht.

Ich hoff`,
ich brauch sie
nimmermehr
zu schließen...

GÖTTIN

Die Göttin schaut mich an.
Sie lacht
und kommt auf mich zu.
Ich will sie verdrängen,
schreie auf:
„ Es gibt Dich nicht!"
Aber sie lacht;
Wirft meine ganzen Theorien
über den Haufen.
„ Es darf nicht sein!
Es gibt weder Götter
noch Göttinnen!"
Doch sie lacht immer noch.
Schaut mich an.
Zieht mich in ihren Bann.
Ich wehre mich:
„ Du bist ein Trugschluss
meiner Phantasie!"
Aber immer noch ist sie da.

GÖTTIN

Sie saugt mich auf in sich
und sagt nur eines zu mir:
„ Du bist eine Frau –
sei meine Priesterin!"

Lange bin ich wie betäubt.

WIL

- rechts die Hand
des Heilens
- links die Hand
der Tat

schreiten wir voran.

durch die Leben
durch die Zeiten

Auf dass wir uns
erneut begegnen
und sehen,
was erreicht . . .

SONNENWENDE

Wir zwei beide
Du und ich
waren einst schon mal verbandelt....

Tag und Nacht,
Sonne und Mond
im Wechselspiel der Jahreszeiten.

So manches Mal
sind wir
Rücken an Rücken
Seite an Seite
und uns gegenüber
dort gestanden.

Im Zusammenspiel
des Wechselseitigen
zeugten wir
den Einklang der Menschen
mit der Natur.

Gaben die kosmischen Kräfte weiter,
verbanden sie mit der Erde
und führten
die Seelen der Menschen
                    zum Licht...

FINE   (für Rita)

Die Schwelle ist nun überschritten,
das Zögern liegt jetzt hinter Dir.
Das Licht,
es zog Dich magisch an:
sich fallen lassen, gleiten,
nicht innerlich verkrampfen,
Du lässt den Willen gehen
und bist mit Dir eins,
lässt geschehen, bist bereit,
fliegst frei
mitten hinein ins Himmelreich . . .
Die hier unten bleiben,
staunen, weinen, sind ergriffen
von der Kraft des Wunders . . .
Denn Tod ist wie Geburt
Nur Wandlung:
Der Same keimt,
wächst und gedeiht,
blüht auf,
trägt Früchte
und vergeht.
-    doch ist der nächste Samen
durch eben diese Pflanze
bereits in die Erde gelegt
und beginnt zu
               keimen.

Siehst Du den Stern
dort überm Stall ?

Wie ein Samenkorn,
das keimt,
wurde die Liebe
in die Wiege gelegt.
Das Licht
leuchtet sanft und weit.

Siehst Du den Stern
dort überm Stall ?

In dieser dunklen Jahreszeit
entsteht das Licht,
das tief
bis in die Herzen scheint...

WANDEL

Der Himmel zeigt noch
                    einen Schimmer Abendrot.
Nur eine kleine Wolke
                    versteckt den Mond.
     SCHAU:
Im zarten Licht
                    erhebt sich leicht
im Elfentanz
                    der Nebelschleier...

Die Kühle duftet
                    nach feuchter Erde
                                        satter Ernte
                                        kalter Zeit.
Ein Hauch von Herbst...

Der Mond bestrahlt das Zauberland.

     SIEHST DU SIE TANZEN?

Die zarten Wesen
                    Traumgespinnste – Wirklichkeit
Fühle in Dich
                    und vollzieh den Wandel:

Der Sommer neigt sich seinem Ende
          es kommt die Zeit der kühlen Nächte...

LISA — ein Romanfragment vom Glück

Lisa saß an ihrem Schreibtisch und träumte. Sie sah aus dem Fenster, in der Wolkendecke war ein kleines blaues Loch.

Lisa träumte sich hindurch in den hellen Sonnenschein. Es war doch so einfach der düsteren Welt zu entfliehen. Ein Blick aus dem Fenster reichte.

Aber leider war es doch nicht so leicht.

Lisa seufzte, drehte sich um zu ihrem kleinen Sohn, der Zähne bekam und Windpocken und einfach nicht einschlafen wollte.

Die Traurigkeit der letzten Wochen fiel über Lisa her.

,Ich habe nur ein Gefängnis gegen das andere getauscht.´, dachte sie und war den Tränen nahe. Sie hatte Sehnsucht nach Vertrauen, Liebe und Anerkennung.

Leise stand sie auf, was ihr Sohn mit Gebrüll belohnte und legte sich die erste Platte von Herman van Veen auf. Leise summte sie die melancholischen Lieder mit, während ihr Sohn leicht quengelnd zu spielen anfing.

,Warum habe ich nicht gefunden, was ich suchte?´, fragte sich Lisa.

Und sie dachte an längst vergangene Zeiten.

An die Zeit, in der sie keine Lust mehr hatte, zur Schule zu gehen und allem entfliehen wollte.

Dort am Schreibtisch saß und sich fort träumte aus dieser düsteren Welt – durch ein kleines Loch in der Wolkendecke bis weit in das helle Licht hinein, wo alles leicht und einfach war.

Was hatte sie nur falsch gemacht?
Sie war doch so glücklich. . .

Ich war,
  ich bin
  und ich
werde
  frei sein

  als Mensch
  im Licht.

DER STEIN

Nach einer langen, kurzen Nacht
durch - schrieben
   durch - lesen
    durch - dacht
fand mich der frühe Morgen
am Strand. . .

Dort sah ich Schwäne fliegen,
sanfte Wellen,
Möwengekreische.
Mein Blick glitt vom farbigen Himmel
auf Muscheln und Steine.
Ich spazierte alleine für mich
den Strand entlang. . .

Da erblickte ich diesen Stein.
Er sah aus
wie ein echtes, lebendiges Herz,
nur blutleer und blass,
die Adern verkalkt von Salz.

Und während die Sonne
den Himmel erklomm,
wog ich ihn leicht in der Hand.

Auch so war mein Herz
Bis vor Kurzem gewesen -
versteinert und kalt und so schwer.

Ich schaute den Stein an
und dachte bei mir:
‚Hinfort mit der lähmenden Kraft!'
Ich holte weit aus
und warf mit dem Stein
die Kälte, die Härte, die Angst
hinein in die glitzernde Sonnenlichtbahn.

Und ich war frei.

Dann wanderte ich weiter
den Strand entlang,
gewärmt von frühen Sonnenstrahlen.

Spürte mein Herz
klopfen und hüpfen,
warm und weich,
offen und frei,
erfüllt von Liebe
und der alles durchdringenden Kraft.

DOM ZU OSNABRÜCK

Und Gott
sprach zu mir in meiner Seele.
Siehe,
ich bin das Licht,
der Stern in deiner dunklen Nacht.
Die Kraft,
die allumfassende Liebe
schenke ich dir
wie allem Anderen.
So gehe deinen Weg
und was auch geschehe:
Ich bin bei dir
und verlasse dich nicht.
Gehe in Frieden,
bleibe in deiner Mitte
und dir wird meine Liebe
immer offenbar.
Du siehst deinen Weg,
spürst die Kraft
und kannst wahrhaftig
                                 sein.

Das Leben
      ist nicht schwarz, nicht weiß,
      nicht grau
      und auch nicht rosarot.

      Siehst Du's nicht?
      Es ist so klar.

      Die Welt ist rund
      und einfach

KUNTERBUNT . . .

DER WIRSING ein Märchen

ES WAR EINMAL ein kleines Samenkorn.
Es lag eng an viele andere Samenkörner gekuschelt in einem kleinen Tütchen.

„Ich werde bestimmt eine schöne Blume, leuchtend gelb und von zartem Duft.", sagte das kleine Samenkorn.

Doch die anderen Samenkörner lachten es aus und erwiderten: „Warte nur ab. Wir alle werden schöne große Wirsinge, dunkelgrün und saftig."

Doch das kleine Samenkorn wollte nicht so werden, wie die Anderen.

Eines Tages kam ein großes Wesen, ein Mensch, der sich Gärtner nannte, und nahm das Tütchen mit den kleinen Samenkörnern. Er riss das Tütchen auf und streute die kleinen Samenkörner gleichmäßig in ein Kistchen mit feuchter Erde.

Holter die polter purzelten die Samenkörnchen herab, lagen dicht an dicht im warmen, feuchten Erdreich. Dann wurden sie mit Erde zugedeckt und lagen wieder im Dunkeln.

Das kleine Samenkorn reckte sich und streckte sich: ‚Jetzt geht es endlich los!', dachte es, schob erst eine kleine Wurzel, dann ein Blättchen aus seinem zarten Körper, bog zum Lichte sich empor und durchbrach die Erdendecke.

„Oh, wie hell, oh, wie luftig es hier oben ist!", jubelte die kleine Pflanze und breitete ihre Blättchen aus. In ihrer Mitte verspürte sie ein Ziehen.

„Jetzt kommt bestimmt die Blüte!", sagte sie.

„Blödsinn!", riefen die Anderen, „das sind nur die Herzblätter!"

Leider hatten sie Recht.

Die Pflänzchen wuchsen gemütlich vor sich hin, doch nach einigen Tagen geschah etwas. Ein Stab bohrte sich in die Erde und entwurzelte die Kleinen. Eine riesige Menschenhand senkte sich herab, packte eine Pflanze nach der anderen, hob sie durch die Luft - und versetzte sie in kleine Töpfchen, für jedes Pflänzchen eins. Jetzt war richtig Platz zum Wachsen. ‚Bald werde ich blühen‘, dachte die kleine Pflanze, doch nichts geschah.

Nach einigen Tagen kam der Gärtner, nahm die Pflanzen und setzte sie auf den Acker.

„ Schau, so eine schöne Wirsingpflanze.", sagte der Gärtner zu seiner Frau.

‚Aber ich will doch eine Blume sein‘, dachte die kleine Pflanze und hätte am liebsten geweint. . .

Doch sie war und blieb ein Wirsing, wurde groß und rund und schön.

Den ganzen Sommer über ertrug sie den Spott ihrer Nachbarpflanzen, denn das Leben draußen auf dem Acker gab ihr Kraft. Die Erde, die Sonne, der Regen, der Wind, die Vögel und Insekten erzählten viel über das Leben und wie wichtig Träume sind. Der kleine Wirsing sprach mit den anderen Pflanzen, doch diese lachten ihn nur aus. Sie wollten wachsen und schöne große leckere Wirsinge werden und sonst nichts vom Leben.

Es wurde Herbst und ein Wirsingkopf nach dem anderen wurde geschnitten und verschwand.

Es wurde Winter und bald stand unser Wirsing ganz alleine auf dem großen Acker, alle anderen waren fort. Er fror und wünschte sich wie seine Kollegen in einen schönen warmen Suppentopf.

Doch niemand kam mehr auf den Acker . . .

Das einzige, was ihn tröstete, war die Schönheit der Natur. Die ruhig schlafende Erde, die klaren Sonnenaufgänge, der sanfte Schnee und die Krähen, die ihn ab und an besuchten, machten ihm Mut.

Irgendwann kamen neue Vögel. Es wurde wärmer, der Frühling war da. Alles fing an zu wachsen und unser Wirsing sehnte sich.

Er sehnte sich so sehr danach eine Blume zu sein, dass er meinte, vor Sehnsucht zu vergehen.

Und eines Tages – da platzte er.

Er riss einfach auf von links nach rechts. ‚Jetzt sterbe ich!', dachte der Wirsing - ‚Das ist die Strafe für meinen Hochmut!'

Es schmerzte so in seiner Brust.

Doch was war das?

Es zog in ihm, ein Stengel schob sich aus dem Spalt, reckte sich ins Licht und entfaltete viele kleine gelbe Blüten.

„Jetzt bin ich doch eine Blume!", jubelte der Wirsing. „Zwar nicht so schön, wie ich dachte, aber immerhin!"

„Schau Dir die Wirsingpflanze an.", sagte die Gärtnersfrau zu ihrem Mann. „Sie blüht so schön und gibt sicher feines Saatgut für das nächste Jahr."

Und der Wirsing blühte und war glücklich . . .

Wagst Du den Schritt,
so offenbart sich Dir
der Lichterwesen Schein.

Das Herz wird frei,
Erdenwesen geben Kraft
und alles zeigt sich Dir
im wahren Wesensein.

Und
Gott ist nah.

Liebe, Licht und Kraft
Erfüllen dann Dein Sein.

DAS LEBEN

FÄHRT MAL WIEDER

ACHTERBAHN

UND ICH HABE

EIN WENIG ANGST

VOR MEINER EIGENEN

COURAGE !

?

WAS
ist denn das für ein Prozess,
in dem ich grade steh?
Entwicklung,
Ideen,
Träume,
die ich jetzt plötzlich seh.

Ich wunder mich!

WAS
ist mit meinem alten Ziel?
Verantwortung
Für Leben,
Hof und Nahrung...

WARUM
will ich jetzt anders
die Kraft
ins Leben geben?

GLÜCK

Nur im Herzen
liegt's geborgen;
in der Seelen Tiefe.

der Wunsch
der Weg
das Ziel

DU
musst nur
in Dich horchen,
auf Dich zugehen
und die Antwort
liegt auf der Hand.
Klar und schillernd
wie ein

REGENTROPFEN.

MEIN LEBEN

steht an einem neuen Morgen.
Der Abend
wolkenverhangen,
doch nachts
strahlten die Sterne,
fielen helle Streifen ziehend
hinab zum Erdengrund.

Nun hebt sich das Zwielicht.
Der Nebel wird dichter
und geht.
Die Sonne kommt,
hell und warm.
Ich stehe im Licht
und alles ist
Klarheit.

Dieser Tag
ist ein neuer Tag.
Ein neuer Tag
in meinem neuen Leben.
Selbst bestimmt und frei,
fest und stark in meiner Seele.

Einzig geleitet
von der allumfassenden Liebe
und der alles durchdringenden Kraft.

Ein jeder von uns
hinterlässt seine Spuren
und wandelt die Welt

Schritt
      für
         Schritt . . .

MICHAEL

. . . ein Bild vom Vollmond
und ich denke fühle, schwelge
in Erinnerung.

Weißt Du noch
die Vollmondnacht,
wo wir gemütlich auf dem Teppich
blieben?

Sehr, sehr zärtlich,
ziemlich nackt,
intensiv begehrlich.
Rotwein, Gummibärchen
und wir zwei.

Wie wir tanzten,
ausgelassen und verrückt,
als wir merkten,
dass die Schubladen
für uns nicht
passten . . .

Die Sonne geht auf,
zart und leicht die Farben.
Sitze in der Kühle,
nach der Hitze der Nacht.
Schaue und horche,
fühle und denke. . .

Es ist,
als sei ich aufgewacht.

Das Leben
schmeckt nach Abenteuer.
Leichtigkeit, Lust und Freude,
sowie Arbeit, Stress und Nerv.

Doch es webt
in meinem Leben
endlich wieder
meine Kraft.

Dynamisch
schreite ich voran . . .

14. 7. – vier Uhr dreißig

Der tiefe Schlaf
ging so schnell,
wie er kam.
Ich lag hellwach
im Bett,
dachte und fühlte.

Dann
bin ich gefahren,
den Platz in mir
hier neu zu finden.

Ich kam

und
war zu Hause . . .

JAWOHL

Ich sitze
auf meinem hohen Ross
und halte die Zügel
fest
in der Hand.

JAWOHL

Ich
habe sie mir genommen.
Meine eigenen Zügel,
die ich Dir einst
so nachlässig
überließ . . . !

MATTHIAS GESCHICHTE *

Matthias ist neun Jahre alt und geht in die dritte Klasse. Es war später Abend und er sollte schon lange schlafen, doch das konnte er nicht, denn er war traurig und wütend und er hatte Angst.

Matthias lag im Bett und war ganz leise, damit keiner merkte, dass er noch wach war. Er träumte vor sich hin: „Wenn ich groß bin, dann werde ich so stark wie Superman und beschütze die Schwachen ...oder ich werde zumindest Polizist..."

Doch noch war er ja nicht groß, er schluckte, kuschelte sich eng an seinen Teddybären und lauschte... Nebenan im Schlafzimmer weinte sich seine Mutter in den Schlaf. So gerne würde er rüber gehen und sie trösten, doch traute er sich nicht. Sein Vater war bestimmt noch wach und so wie der gerade drauf war, war es wohl besser, ihm aus dem Weg zu gehen.

Matthias verstand das nicht.

Der Tag war so schön gewesen, er hatte so viel unternommen und mit seiner Mutter gelacht. Dann kam Papa von der Arbeit nach Hause, es hatte wohl Ärger gegeben in der Firma und er hatte schlechte Laune. Und dann hat Mama noch das Essen anbrennen lassen. Das hatte wirklich nicht geschmeckt, aber als Papa dann mitten im Essen aufgesprungen ist, seinen Teller auf den Boden gepfeffert hatte und Mama anbrüllte, dass sie zu doof zum Kochen sei, da war er sehr erschrocken und begann zu weinen. Doch keiner hat ihn getröstet, stattdessen hat ihn sein Vater in sein Zimmer geschickt.

Und da saß er dann und hörte, wie seine Eltern sich gestritten haben. Er konnte nicht alles verstehen, aber es waren Worte dabei, die er niemals sagen durfte. Und dann hörte er ein Rumpeln, einen Aufschrei seiner Mutter und dann war es lange ganz still. Er zog den Kopf ein und traute sich nicht nachzuschauen, doch ihm war klar: Es war schon wieder passiert.

„Ich will das nicht mehr.", dachte er und bohrte seinen Kopf ganz tief in den Bauch seines Teddys. Er wusste ja auch schon, wie es weitergehen würde. Am nächsten Morgen würde seine Mutter ein blaues Auge haben und ihm erzählen, dass sie gefallen sei oder sich gestoßen habe und am Nachmittag würde Papa mit einem großen Blumenstrauß ankommen und der Mama sagen, wie lieb er sie doch habe.

Matthias kuschelte sich ganz eng an seinen Teddy und ist dann doch irgendwann eingeschlafen.

* Matthias Geschichte ist Bestandteil einer Unterrichtskonzeption für 3./4.Klässler zum Themenkomplex häusliche Gewalt.
Die Unterrichtskonzeption kann kostenfrei über die Website www.trennung-beratung.de heruntergeladen werden.

NUR MUT

Ein jeder Tag
kann der erste sein
in einem neuen Leben:
selbstbestimmt,
eigenständig
und frei.

Schaue,
fühle,
horche
in Dich
und Du erkennst
Deinen Weg.

Begleitet wirst Du,
       ja,
doch gehen musst Du selber.

Schritt
  für
    Schritt
       durchs Leben treten...

Habe nicht ich
das Recht
auf ein wenig Glückseligkeit?

Ich will
in Freiheit
Liebe fließen lassen,
Liebe empfangen
und meine Seele
will tanzen
im Licht.

Allein,

vielleicht
mit Dir.

Im Jetzt
bringen wir
die Sache
auf den

PUNKT

Leben heißt lernen:
in Freiheit
       Liebe
          Kraft
das Ziel neu zu erfahren.

Im ICH
sich selber leben...

DER MILAN

Der Milan
durchstreift mit spitzen Flügeln
windgepeitschte Himmelsweiten.
Ich
stehe fest verwurzelt
und fliege dennoch mit.
Umkreise hohe Berge,
tauche ein in tiefe Schluchten
unbändig , glücklich,
rufe in die Weltenferne:
ICH
    BIN
       FREI!
und fliege ins Licht.
Das Licht der Welt.
Die Kraft
Die Liebe
Das Leben
Frei in mir . . .
Der langsam kreisende Milan
landet auf meiner Schulter
und ich stehe auf dem hohen Berg
denke, fühle, staune
und bin

ICH . . .

GLEICH EINEM HAUCH

Deine Stimme so sanft . . .
Dein Blick so ernst . . .
Deine Augen so tief . . .
Deine Seele so offen . . .
Dein Kuss so zart . . .
(wie ein leises Versprechen)

und Du berührtest mich
in Seelentiefen .

. . . gleich einem Hauch

      von

         Engelsflügeln . . .

HAUSGEDICHTE

KÜCHE

Und ich tanze,
tanze auf dem Regenbogen,
gerade jetzt
in dieser dunklen Zeit . . .

WOHNZIMMER

Und mein Schöngeist
Saß gemütlich im Lehnstuhl
und sinnierte mit mir
über das Leben .
„Hm", sagte er leise,
„Hm!"
Etwas anderes
fiel ihm jetzt
       - dazu –
gerade nicht mehr ein.

SPIELZIMMER

. . . durch meine Seele
geht ein deutlich wahrnehmbarer Ruck.
Ein Klack
und mein Herz
sitzt an der rechten Stelle.
In der Mitte
meines ICH .

KINDERZIMMER

„ Ich bin frei!",
bemerkte ganz lapidar
das Eichhörnchen
und schwang sich
gemächlich
      von Ast zu Ast . . .

MEIN ZIMMER

Und
 da saß ich nun:

Irgendwie
war es mitten in der Nacht.
Rotwein
meine Stille
die schmale Sichel
beschien die Runde . . .

Ich saß da,
es in den Händen haltend:
                    mein Glück
                    mein Leben
                    mein Herz
                    und war endlich
                            wirklich

                        ICH .

„DU HAST ZEIT . . .",

    flüsterte die Schnecke

    und hüpfte
        gemütlich davon .

„NIMM SIE DIR !

    LASS SIE DIR !",

    rief sie noch

    und war
        verschwunden . . .

UND WIR

überziehen wie ein dichtes Netz
die Lande . . .

SIEH,
die weisen Frauen
stehen wieder auf.
Von Ort zu Ort
die Kraft wird weben.
Zum Licht
        gebündelt
sich erheben
aus dunklem Erdengrund.

Und Gottes wirken
wird
(nun endlich wieder)
offenbar.

AMOR

Und Amor
sitzt im Baum und lacht,
den Bogen auf den Knien.
Die Schlange lamentiert:
„Ja , ja . . .“

„Ach lasst mich doch in Ruh,
euch lass ich einfach stehn!“
Ich dreh mich um und gehe...

Doch hinterrücks
hat mich der Pfeil
tief in mein Herz getroffen.

Und Amor
sitzt im Baum und lacht.
Die Schlange lamentiert:
„Erwischt
       und
            gut getroffen . . .!“

Und dann

überfiel mich wieder
dieses perfide Glücksgefühl.

Warum war ich
eigentlich gerade jetzt
so merkwürdig froh ?

Glücklich
in mir

einfach so !

JAZZ – FESTIVAL

So
hüpfte denn mein Herz im Takt
und tanzte zu den wilden Klängen
wie ein junges Mädchen
durch die Nacht . . .

Inspiration

Ich versteckte mich
hinter meiner Kaffeetasse,
   doch
   sie tröpfelte leise
   durch das Rinnsal
      der Zeit.

SCHNUPPE

Heute ist so eine Nacht,
wo ich mit beiden Füßen
fest am Boden steh.
doch so sacht
Heb ich den Blick in die süßen
Himmelsfernen, oh ich seh,
eine Schnuppe, hell entfacht.
Will mein Herz versüßen.
Oh, du Liebesweh . . .

bla, bla
ja, ja
Doppelpunkt

Ich steh draußen, kalt
da, ein leiser Streifen Licht
über mir, fast nur geahnt,
ein Raunen im Eichlaub,
ein Zittern im Herzen
HERZSCHLAGLANG

Der Wunsch:
DU – ICH – WOLLEN – JETZT – DICH !

DU ?

LIEBESGEDICHT

Komma mit an meinen Punkt,
wo ich in Anführungszeichen,
Dich, geehrten Bindestrich
umklammern möchte.
Da biegen wir aus Apostroph
und Semikolon Fragezeichen
und aus Gedankenstrichen;
sagen wir mal
Doppelpunkt
      Ausrufungszeichen . . .

JEDER IST SEINES GLÜCKES SCHMIED

Komm her   Eisen,
küsse endlich, halte mich,
dass sich die Glut entfache . . .

Ich schwinge den Hammer.

Komm her   Amboss,
schmiede mit . . .

Dann der Sprung
ins kalte Wasser.

Komm her   DU,
so das Glück

        - gestählt.

DER SEGLER (für Alexa)

Das Schiff treibt im Sturm der Gefühle mal hier-, mal dorthin. Von Welle zu Welle spritzt hoch auf die Gischt.

Das Schiff ist ein Spielball höherer Gewalten. Das Meer ist in Wallung – alles dreht sich, alles strudelt – ob oben, unten, links und rechts . . .   Der Segler weiß nicht mehr wohin.

Einst blähten seichte Winde ruhig die Segel, schaukelten liebliche Wellen sanft das Schiff.

Doch nun reißt der Wind die Segel aus den Nähten, der Mast bricht, der Segler geht über Bord und keine Rettung ist in Sicht.

– Doch, dort treibt eine Planke, an der hält er sich.

Irgendwann spuckt ihn der Sturm an Land. Kraftlos liegt er in der Brandung, sein Schiff ist längst zerschollen.

Da ragt ein Baum über die Klippen, schwach hebt er die Hand und zieht sich aus dem kalten Wasser, lehnt sich an den Baumstamm und hebt erschöpft den Blick hinaus aufs tobende Meer. Noch ist er der Gefahr nicht entronnen, die Springflut steigt und der Sturm nimmt zu.

Der Segler schleppt sich auf die Klippen, steht wankend auf und taumelt zu der alten Fischerhütte, die sich eng an die Felsen duckt. Die schiefe Tür schlägt im Wind.

Drinnen fällt er auf ein altes Lager und schläft ein.

Er träumt von einer anderen Zeit, als alles leicht war, sanft und rein . . . goldenes Licht hüllt ihn ein.

Er schreckt auf – ein Knall ! – was war das? Der Sturm peitscht die Gischt bis zur Hütte hinauf. Das Fenster ist aufgerissen und klappert im Wind. Die Hütte zittert, doch ist sie fest und solide gebaut.

Der Segler sinkt erneut aufs Lager und ruht sich aus, während draußen langsam der Sturm verebbt . . .

Nach einiger Zeit hat sich der Segler erholt, er steht auf den Klippen und schaut über das brausende Meer. Er baut sich ein Floß und sinnt darüber nach, wann er es zu Wasser lassen kann.

Es ist sein erstes ureigenes Floß, an manchen Stellen noch nicht so stabil, aber stärker, als so manch von anderer Hand gebautes Schiff. Er ist stolz und hat Angst zugleich.

Doch so sehr ihm der Schiffbruch auch in Gesicht und Herz geschnitten ist, ein Segler muss aufs Meer hinaus und seine Bestimmung leben . . .

Eines Tages wagt er es und segelt über Ozeane, auf zu neuen Ufern. Ist sich seiner Stärke voll bewusst und übersteht die stärksten Stürme.

Ich kann,
   ich will
   und ich
werde
   frei sein

   als Mensch
   im Licht.

DIE TRAUMSCHLANGE

Und
die Traumschlange
umfängt sanft die Zeit.
Phantasievoll
glänzt
ihr Schuppenkleid . . .

Sie schabt ihre Schuppen
an der Wirklichkeit,
durchdringt uns im Schlaf.

So
wandern wir
von Nacht zu Nacht
in eine andere
neue Zeit . .

SCHULTERSCHLUSS

Ich bin für Dich da.
        Wo ?
In Gedanken überall . . .

Ich fühle mit Dir.
        Wann ?
Im Herzen immerzu . . .

Ich steh an Deiner Seite.
        Wie ?
In tiefer Freundschaft . . .

Ich sende Dir Liebe.
        Woher ?
Sie ruht in Seelentiefen . . .

So stehen wir, so gehen wir
        Seite an Seite an Seite

in der Freundschaft
        Schulterschluss
                durchs Leben . . .

TRAUM STEIN EICHE

Winde flau, Wolken ballen Nebelwände,
nur die Bleiche umklettert den Himmel.
Ich fühle mich schwer,
Blut wie aus Blei,
jeder Herzschlag schmerzt.
Verkrieche mich,
steh neben mir,
doch irgendwann
stups ich mich an,
erhebe mich und gehe . . .

Der Nebel hebt sich,
vor mir mein Weg.
Ich beschreite ihn,
wandle in Vergangenheiten,
durchlebe und umwandle sie
in Gewesenes.
Ein unscheinbarer Stein,
gefunden am Wegesrand,
nimmt alle Lasten auf sich.

In meinem Herzen
erst Schmerz, dann Leere
      TOD
birgt Hoffnung, Zuversicht.

Da,
Sonnenstrahlen durchdringen das Grau.
Ich gehe und lebe,
den inneren Tod durchschritten.
Lasse das Vergangene ruhen
und bin bereit
für neue Zeiten,
meine eignen Wirklichkeiten.

Eines Tages   bald
wirst Du mir begegnen,
wir werden uns erkennen
zur Reife der Zeit.

Den Stein, meinen Tod,
bewacht eine alte Eiche,
wohl behütet
zwischen ihren starken Wurzeln.
Auf dass ich mich
seiner erinnere
und mich dennoch
frei entfalten kann.

TRAUMWIRKLICH

Heute morgen Nieselregen,
duseliger Kopfnebel,
Blick klärende Kälte.

Ein Riss im Himmel,
stahlblau.

Wo der Traum?
Im Herzen geborgen.

Ein Stein,
dunkel und kühl,
läd mich ein,
ihn zu ergreifen.
Weich schmiegt er sich
in die Hand,
er wird mich begleiten.

Ich lächle gehend.
Jeder Schritt
führt tiefer in mein Herz.

TRAUMWIRKLICH

SYLVESTERNACHT - zwanzig vor vier

Ich habe
im Traume
Dein Antlitz geschaut.
Die denkenden Augen durchblickt.

In Tiefen
Begegnung,
Du Freigeist, wie ich . . .

Doch Wachsein
umnebelt die Sicht.

Ich weiß,
dass Du da bist,
ich liebe Dich schon . . .

TRAUM ?

bald – schon bald.
Es reift noch die Zeit,
bis wir uns gegenüber stehn . . .

WUNDER ? !

Dann führten meine Schritte
In den heiligen Hain,
wo meine Trauer ruht,
eingebunden
in das Wachstum des Waldes.
Wieder
schritt ich durch mein Herz.
Seelenweit
öffnete das Sein,
der Blick glitt durch den Spalt
tief in die Unendlichkeit.
Das Auge
haftete an einem Stein,
eingewachsen
in einen alten Wurzelstrunk.
Das Bild
formte sich zum Ganzen
und meine Seele flog weit.
Im Licht – Engelwesenbegegnung . . .

      Erinnerung bleibt.

Holzgewachsen – Steinbeschwert
gebundene Mondenkraft –
Energiedurchströmt
In weichen Wellen, warmer Kraft
stark und seicht - die Wirklichkeit.

- DSCHUMM -

Wie ein Peitschenknall,
blitzte
ein Gedanke auf
in meinem schweren Kopf . . .
Ich würgte,
leise
kratzte der Stift
über Papier . . .
und ich schrieb,
schrieb mir die Seele
aus dem Halse.
Danach
Leere, Ruhe, Frieden.
Dann las ich,
sog erneut ein
die Gedanken.
Dachte, fühlte, trennte,
schrieb erneut
und schreibe noch . . .
        Fließend
ergießt sich Sprache auf Papier.
Seelentief,
oft unbewusst,
reift im Tintenfluss
mein Ich . .

JAHRELANG

Hab ich gebeten, gebettelt, gefleht
Und konnte es nie erlangen.

Ich dachte,
der Kampf wäre verloren
und ging
in Einsamkeit
ALLEIN.

Jetzt wächst
Gewissheit
von Sekunde, auf Sekunde, auf Sekunde.

Nichts ist verloren . . .

WIR
haben alles gewonnen !

MIR DÜNKT ES,
ALS GRIFFE ICH
NACH DEN STERNEN.

UND DOCH
  - MIR IST
NICHTS NÄHER
ALS

DU .

WIR

sind herausgetreten
aus den Schatten
des Lebens.
Gefesselt
in fadenscheiniger Glückseligkeit
reiften unsere Seelen
im Schlafe,
erwachten eines Tages,
gingen erhobenen Hauptes

und dort
im Lichte
fanden
　　　wir

UNS !

Auf dem Weg
lag die Frage,
was Liebe wohl ist . . .
Kompromiss ?
Ein ewig geben und nehmen ?

NEIN !

Ist nicht opfern,
nur innig sich schenken.
Nicht fordern,
einzig tief sich empfangen.

Ist
SCHÖPFUNG . . .

Durch das Tor geschritten,
verweilte ich an der Schwelle,
holte Atem,
hob den Blick
und schaute
in unendliche Weiten.
Landschaften
mannigfaltig, wunderschön
glitten in strahlenden Himmel,
verschmolzen zum Ganzen.
Die Luft schmeckte süß
und während ich ging,
verdichtete sich Licht
        hervor tratest
DU !

- SPRACHLOS –

Augenblicke
                immer wieder
sagen
mehr als Alles

Worte
        = Schnickschnack

unnötiger Ballast !

MOND

Stille umgibt mich
leise raunen die Bäume
sachte regt sich der Wind
sanft raschelt das Gras...
Dein Licht
durchbricht mit heller Kraft die
Wolkendecke.
Vor meinen Augen
wird der Himmel
hell und klar.
Es ist so einfach.
Sie ist da:
Die Kraft, die uns am Leben hält.
Der Sinn wird mir ganz offen-bar.
Ich bleibe stehen,
staune,
lebe
und spüre deine Kraft.
So sanft, so stark, so klar...

„ Womit habe ich das nur verdient ?",
  jammerte das Selbstmitleid . . .

„ Halt die Klappe !",
  befahl das Schicksal.
„ Nimm endlich Deinen Löffel
                        und iss !"

DER KÄSETRAUM

ES WAR EINMAL eine kleine vorwitzige Maus, die von ganzem Herzen davon träumte, einmal in ihrem Leben ein richtig leckeres Stückchen Käse anknabbern zu können…

So huschte sie von Haus zu Haus.

In dem einen Haus lag ein winziges Käsekrümelchen, doch das war gerade groß genug, um den Mäuseappetit ein wenig anzuregen.

In einem anderen Haus lag ein ordentliches Stückchen Käse, das war jedoch schon ein wenig eingetrocknet und von leichtem Flaum überzogen…

Aber die kleine Maus war so begierig nach Käse, dass sie alle Bedenken zur Seite schob und den Käse mit einem Happs verschlang.

Die Tage danach hatte sie fürchterliche Bauchschmerzen und wollte erst einmal keinen Käse mehr sehen; der Traum jedoch blieb.

Eines Tages flitzte die kleine Maus in ein Haus, welches ihr bis dahin nie aufgefallen war.

Dort war alles ordentlich, sauber und fein.

Staunend lustwandelte die kleine Maus von Zimmer zu Zimmer und – sie traute ihren Knopfaugen kaum- da lag auf einem kleinen Tischchen der leckerste Käse, den sie in ihrem Lebtag je gesehen hatte.

Sie schaute und schnüffelte, alles ward in bester Ordnung, kein Monster auf Samtpfoten, kein Flugräuber in Sicht.

Die kleine Maus blickte noch einmal um sich und biss mit Genuss in den leckeren Käse.

„Sssttt", ein Knall, ein furchtbarer Schmerz in ihrem rechten Vorderbein. Die kleine Maus erschrak fast zu Tode.

Sie fand sich eingeklemmt in einen Bügel aus glänzendem Stahl, sie zog und zerrte, zuckte und zappelte und nach langem Kampf war sie endlich wieder frei. Die kleine Maus humpelte auf drei Beinen davon, versteckte sich unter einem Schrank und besah sich ihre Verletzung. Das Bein war gebrochen und während sie ihre Wunden leckte, schwor sie sich, niemals mehr in ihrem Leben ein Stückchen Käse anzurühren.

So nährte sich die kleine Maus eine Zeit lang nur von Krümeln und Körnern, doch als das Bein verheilte und der Schmerz langsam in Vergessenheit geriet, kam mit aller Macht der Käsetraum zurück.

Nacht für Nacht biss sie in die leckersten Käse und so beschloss sie eines Tages, sich erneut auf die Suche zu machen. Sie dachte bei sich: „Was ist schlimmer, als immer nur unerfüllte Träume zu haben."

Also zog sie erneut um Eck und Eck, von Haus zu Haus. So ging einige Zeit ins Land, bis sie ein Haus betrat, weit ab der Stadt.

Sie schlich sich leise hinein und als sie um die dritte Zimmerecke bog- blieb sie vor Staunen stehen.

Vor ihr stand ein Schloss, ein wunderschöner Pavillon, matt glänzend aus filigranem Rotgold und in seiner Mitte lag ein riesiger Hügel von lieblichstem, lecker duftendem Käse.

Die kleine Maus schluckte und dachte bei sich: „Das ist das Paradies!"

Durch den golden ausgeschlagenen Torbogen betrat sie den Pavillon und machte sich an den Käse.

Sie fraß ein wenig von diesem und jenem, genoss den Weitblick, schlief ein Weilchen, erwachte und fraß weiter. So ging es einige Tage lang- die kleine Maus wähnte sich glücklich und am Ziel ihrer Träume.

„Hier bleibe ich ein wenig.", dachte sie und als der Käse zu Neige ging, erfreute sie sich noch eine Zeit lang am Lichterspiel der Sonne im rotgoldenen Metall.

Doch eines Regentages übermannte sie der Hunger und die kleine Maus beschloss nun weiter zu ziehen. Also machte sie sich auf den Weg.

Doch was war das? Der Eingang zum Torbogen war mit spitzen Lanzen versperrt.

Die kleine Maus erschrak fürchterlich, bekam es mit der Angst zu tun und versuchte verzweifelt über die scharf geschliffenen Lanzen zu klettern.

Sie scheiterte kläglich und verletzte sich schwer…

Ihr Traum wurde bitter, der Hunger so groß, die Reue gewaltig und sie erkannte- auch dieses Schloss war eine Falle.

Die kleine Maus erkannte erst jetzt das güldene Blendwerk und versank in düsteren Gedanken. Sie piepste kläglich, doch niemand kam, sie zu befreien, sie zu erlösen von ihrem Leid.

Die kleine Maus wurde dünn, sie wurde mager und eines Tages, als sie nur noch Haut und Knochen war, wagte sie einen letzten Versuch.

Sie schob matt ihren Kopf zwischen die güldenen Verstrebungen ihres Gefängnisses, dann eine Pfote, die andere Pfote und so dürr wie sie war, passte sie gerade zwischen den engen Verstrebungen hindurch.

Viele Haare blieben hängen, ihre Haut riss an etlichen Stellen auf, doch die kleine Maus war endlich wieder frei.

Matt schleppte sie sich aufs Land, wo sie an der frischen Luft und bei dem guten Essen langsam wieder genas.

Und wieder kehrte mit aller Macht der Traum zurück.

Käse, Käse nach Herzenslust- ohne Falle, ohne Jäger, ohne Angst. Doch die kleine Maus wollte nichts mehr davon wissen, denn sie hatte soviel schlechtes erlebt.

Eines Tages, die kleine Maus suchte gerade nach Brotkrümeln, betrat sie auf ihrer Suche ein Haus, in dem sie nie zuvor gewesen war. Und dieses Haus war randvoll gefüllt mit allen erdenklichen Sorten Käse.

Die kleine Maus blinzelte-„ Mein Traum!"

- sie blinzelte noch einmal, der Käse war noch da. Sie lief von Raum zu Raum, schaute nach oben, nach unten, zu jeder Seite und suchte die Falle

- Es war keine Falle da!

Doch was war das?

Dort saß ein Mäuserich- ein wunderbarer Mäuserich. Die beiden sahen sich an und begannen, gemeinsam den leckeren Käse aufzufressen…

Und wenn sie nicht gestorben sind, dann fressen sie noch heute.

HAB GEDULD

Das Leben
ist wie eine
Perlenschnur,
voller Knoten.
Vorsichtig
ziehst du Perle für Perle
durch die Schlaufen.

Dreck verkrustet
                    -manche-
Strahlend schön.

In Hast
risse der dünne Faden
und viele Perlen
verschwänden in Ritzen.
Einfach so,
unerreichbar für dich...

Sie alleine
fräße der

          Staubsauger...

SONNENAUFGANG

Und wieder
geht die Sonne auf.
Die Zeit verrinnt
im Schneckentempo,
um plötzlich
ganz schnell loszulaufen...

Alles bleibt gleich
und ändert sich doch.
Im ewigen Wandel.

In Begegnung, Trennung,
Selbsterkenntnis
reift mein Ich,
und reift das deine...

Tief verbunden
durch das Mensch-sein,
im Streben
nach innerem Reichtum,
innerer Fülle,
(sich seiner)
        Selbst- Bewusst-Sein...

Nächtens
Traumes-schauend...

Gedanken
umwinden Wirklichkeiten,
die in mir
ewiglich geborgen lagen.

Treten sonderbar
zu Tage...

Strahlen
wie ein junger Stern

Manche
Sternschnuppen

Andere
in goldenem Glanz

Die Wertvollsten,
sie strahlen leise,
singen und schwingen
in mir

in Tiefen
      -nie geahnt...

Ich kann,
  ich will
  und

ich bin

  frei
  als Mensch
  im Licht.